Η ΠΡΩΤΗ ΜΟΥ ΜΥΘΟΛΟΓΙΑ
Οι *12* θεοί του Ολύμπου

Κείμενο: Φίλιππος Μανδηλαράς
Επιμέλεια κειμένου: Ράνια Ζωίδη
Εικονογράφηση: Ναταλία Καπατσούλια
Διόρθωση: Αντωνία Κιλεσσοπούλου

ΕΚΔΟΣΕΙΣ ΠΑΠΑΔΟΠΟΥΛΟΣ
Καποδιστρίου 9, 144 52 Μεταμόρφωση Αττικής, τηλ.: 210 2816134
e-mail: info@picturebooks.gr

ΒΙΒΛΙΟΠΩΛΕΙΟ
Μασσαλίας 14, 106 80 Αθήνα, τηλ.: 210 3615334
www.picturebooks.gr

ISBN 978-960-484-001-4

Η πρώτη μου μυθολογία

ΦΙΛΙΠΠΟΣ ΜΑΝΔΗΛΑΡΑΣ

Οι 12 θεοί του Ολύμπου

Εικονογράφηση
Ναταλία Καπατσούλια

ΕΚΔΟΣΕΙΣ ΠΑΠΑΔΟΠΟΥΛΟΣ

Δώδεκα ήταν κι όλοι εκλεκτοί,
στον Όλυμπο ζούσαν, οι τυχεροί.
Τιτάνες πάλεψαν, της Γαίας τα παιδιά,
στα Τάρταρα στείλαν τ' ανήμερα θεριά.
Γίναν κυρίαρχοι του κόσμου αυτού,
όριζαν τη γη, τα πουλιά τ' ουρανού.

Ποιοι είναι;

Όλα στην αρχή ήταν σκοτάδι πυκνό,
δεν υπήρχε νύχτα, ούτε πρωινό.

Κι από του Χάους τα σπλάχνα γεννήθηκε η Γη,
μόνη στον κόσμο, το σκοτάδι κι αυτή.

Μέχρι που γέννησε η Γη τα βουνά,
θάλασσα, δέντρα και τα φυτά.
Γέννησε ακόμα τον Ουρανό,
τον ήλιο, τ' αστέρια, το δειλινό.

Έπειτα Γη κι Ουρανός ενώθηκαν,
σε λίγο καιρό παιδιά γεννήθηκαν.

Μα ο Ουρανός φοβόταν τα παιδιά του,
το θρόνο μη χάσει έτρεμε η καρδιά του.
Στα βάθη της γης τα παίρνει και τα κλείνει,
μόνος στον κόσμο βασιλιάς για να μείνει.

Απ' τους Τιτάνες, όμως, ο τελευταίος ο γιος
Κρόνος λεγόταν κι ήταν δυνατός, πονηρός.
Απ' τη μητέρα του ζητάει ευθύς συμβουλή,
τον πατέρα ν' ανατρέψει και στο θρόνο ν' ανεβεί.

Παλεύει με τον Ουρανό, υπερισχύει ο Κρόνος
κι είναι στον κόσμο βασιλιάς όσο κρατάει ο χρόνος.
Τη Ρέα παντρεύεται με της μάνας την ευχή,
οι δυο τους τώρα κυβερνούν σ' ουρανό και γη.

Όμως κι αυτός, σαν τον πατέρα του, φοβόταν τα παιδιά του,
το θρόνο του μη χάσει έτρεμε η καρδιά του.
Γι' αυτό, όποιο παιδί γεννιόταν, το κατάπινε ευθύς,
τη δύναμή του έχανε, γινότανε βαρύς.

Πέντε παιδιά κατάπιε ο Κρόνος στη σειρά,
μέχρι που η Ρέα σκέφτηκε να δράσει πονηρά.
Το έκτο παιδί της έκρυψε στης Κρήτης μια σπηλιά,
πέτρα στον Κρόνο έδωσε, γέμισε η κοιλιά.

Ο Δίας ήταν το τυχερό παιδί αυτό,
μόνος μεγάλωσε επάνω στο βουνό.
Τις Νύμφες είχε για μόνη συντροφιά
και της Αμάλθειας το γάλα όταν ήταν μια σταλιά.

Μεγάλωσε, δυνάμωσε εκεί στην ερημιά,
του Κρόνου έμαθε την απανθρωπιά
κι ορκίστηκε τ' αδέλφια του να ελευθερώσει,
στη μάνα του χαρά κάποτε να δώσει.

Ήρα

Άδης

Ποσειδώνας

Μεγάλος πια ο Δίας και ισχυρός,
στον πατέρα του ρίχνεται τρομερός.
Παλεύει μαζί του, τον Κρόνο νικάει,
τ' αδέλφια του πίσω στο φως ζητάει.

Την πέτρα βγάζει πρώτα ο Κρόνος απ' την κοιλιά,
και έπειτα τ' αδέλφια του ένα ένα με σειρά.

Τους Κύκλωπες και τους Εκατόγχειρες
από τα Τάρταρα ο Δίας ελευθερώνει,
φίλους τούς κάνει καρδιακούς,
τη δύναμή του γιγαντώνει.

Κι αμέσως αρχίζει πόλεμος τρανός.
Τιτανομαχία τον είπανε και ήταν φοβερός.
Απ' τη μια οι Τιτάνες, σε αριθμό και δύναμη πολλοί,
κι απ' την άλλη Κύκλωπες, Εκατόγχειρες και οι έξι οι θεοί.

Οι θεοί του Ολύμπου στο τέλος νικήσαν,
τους Τιτάνες μες στα Τάρταρα για πάντα τούς κρατήσαν.

Κι έπειτα έριξαν κλήρο μεταξύ τους οι θεοί,
ποιος θα πάρει τη θάλασσα, τον ουρανό, τη γη.

και στο Δία ο ουρανός

στον Ποσειδώνα η θάλασσα

Στον Άδη έτυχε ο Κάτω Κόσμος

Στο τέλος συμφώνησαν να κυβερνούν όλοι μαζί,
με πρώτο το Δία, του Κρόνου το στερνό παιδί.

Χρόνο με το χρόνο γεννήθηκαν κι άλλοι θεοί,
όμορφοι όλοι, μα πάνω απ' όλα ισχυροί.

Ήφαιστος: θεός της φωτιάς
και των μετάλλων

Άρης: θεός του πολέμου
και του μίσους

Απόλλωνας: θεός της μουσικής,
της μαντείας και του φωτός.

Αθηνά: θεά της σοφίας
και των τεχνών

Άρτεμη: θεά του κυνηγιού

Δίας: αρχηγός των θεών και των ανθρώπων

Ποσειδώνας: θεός της θάλασσας

Ερμής: ο ταχυδρόμος ν θεών, θεός του εμπορίου

Ήρα: γυναίκα του Δία, βασίλισσα του κόσμου

Δήμητρα: θεά της γεωργίας

Εστία: θεά του σπιτιού

Αφροδίτη: θεά της ομορφιάς

Των θεών οι πόλεμοι δεν είχαν όμως τελειωμό.
Θυμώνει η Γαία κι οδηγεί τους Γίγαντες σε ξεσηκωμό.

Χρόνια πολλά παλεύανε οι δώδεκα θεοί,
κι είχαν κοντά το Διόνυσο μα και τον Ηρακλή.
Μέχρι που οι Γίγαντες χαθήκαν, τ' ανήμερα θεριά,
ησύχασε ο κόσμος κι έγινε ξαστεριά.

Από τότε ζούσαν στου Ολύμπου την κορφή,
κι από ψηλά κυβερνούσαν ολόκληρη τη γη.
Όλοι προσεύχονταν στους δώδεκα θεούς,
σκάλιζαν αγάλματα κι υψώνανε ναούς.

Μαθαίνω περισσότερα

Οι Εκατόγχειρες

Οι Εκατόγχειρες ήταν τρεις, ο Βριάρεως, ο Κόττος και ο Γύγης, παιδιά της Γαίας και του Ουρανού. Παρουσιάζονται ως γιγάντια, πολύ δυνατά και βίαια πλάσματα με εκατό χέρια και πενήντα κεφάλια. Βοήθησαν το Δία στην Τιτανομαχία κι έπειτα έμειναν στα Τάρταρα για να φυλάνε τους νικημένους Τιτάνες.

Οι Κύκλωπες

Οι Κύκλωπες ήταν τρεις, ο Βρόντης, ο Άργης και ο Στερόπης, παιδιά της Γαίας και του Ουρανού. Ήταν άγρια και πανίσχυρα όντα. Είχαν ένα μόνο μάτι στο μέτωπο. Όταν ο Δίας τούς απελευθέρωσε από τα Τάρταρα όπου τους είχε φυλακίσει ο Κρόνος, αυτοί, σε ένδειξη ευγνωμοσύνης, του χάρισαν τη βροντή, τον κεραυνό και την αστραπή.

Οι Γίγαντες

Οι Γίγαντες γεννήθηκαν από το σώμα της Γαίας όταν έσταξε πάνω της αίμα από την πληγή του Ουρανού μετά τον ακρωτηριασμό του από τον Κρόνο. Ήταν γύρω στους εκατό. Ήταν τεράστια, πολύ δυνατά πλάσματα με μορφή ανθρώπου και σώμα φολιδωτό που κατέληγε σε ουρά σαύρας. Μολονότι είχαν θεϊκή καταγωγή, ήταν θνητοί.

Παιχνίδια με τους δώδεκα θεούς

Τα σύμβολα των θεών

Οι Αρχαίοι Έλληνες είχαν δώσει σε κάθε Ολύμπιο θεό από ένα, τουλάχιστον, σύμβολο. Έτσι, η Αθηνά είχε σύμβολο την κουκουβάγια, ο Άρης το δόρυ, ο Ήφαιστος το σφυρί, ο Απόλλωνας τη λύρα, η Άρτεμη το τόξο, ο Ερμής το κηρύκειο (το ραβδί του κήρυκα), η Αφροδίτη το περιστέρι, ο Δίας τον κεραυνό, ο Ποσειδώνας την τρίαινα, η Ήρα το παγόνι, η Εστία την οικιακή φωτιά και η Δήμητρα το στάχυ.

Αντιστοίχισε στην παρακάτω εικόνα τους θεούς με τα σύμβολά τους.

ΞΕΝΟΔΟΧΕΙΟ

ΕΙΔΗ
ΘΑΛΑΣΣΗΣ

ΚΥΝΗΓΕΤΙΚΑ
ΕΙΔΗ

ΜΕΤΑΦΟΡΕΣ

ΟΔΟΣ

ΣΙΔΗΡΟΥΡΓΕΙΟ

Οι θεοί του Ολύμπου σήμερα

Στην εικόνα βλέπεις μια πόλη με πολλά καταστήματα,
συνεργεία και γραφεία. Συμπλήρωσε τα κενά στις ταμπέλες των
καταστημάτων και βοήθησε τους θεούς να πάνε εκεί που τους ταιριάζει.

Ποια από τα παιδιά του Ουρανού θα έβαζες να δουλέψουν
στο σιδηρουργείο και ποια στο γραφείο μεταφορών;

Ένα από τα επίθετα με τα οποία χαρακτήριζαν το Δία ήταν «Ξένιος», επειδή ήταν προστάτης των ξένων. Η Ήρα ήταν
η προστάτιδα του γάμου.